The Fisherman from Bergen and Other Stories: Bilingual Norwegian-English Short Stories

Coledown Bilingual Books

Published by Coledown Bilingual Books, 2023.

While every precaution has been taken in the preparation of this book, the publisher assumes no responsibility for errors or omissions, or for damages resulting from the use of the information contained herein.

THE FISHERMAN FROM BERGEN AND OTHER STORIES: BILINGUAL NORWEGIAN-ENGLISH SHORT STORIES

First edition. September 25, 2023.

ISBN: 979-8223447290

Written by Coledown Bilingual Books.

Table of Contents

Blomstermysteriet

I de brosteinsbelagte gatene i Oslo, hvor våren malte byen med fargerike blomster, bodde en beskjeden blomsterhandler ved navn Ingrid Pettersen. Ingrid hadde alltid hatt en lidenskap for blomster og en nese for mysterier. Selv om hun var en helt vanlig florist, hadde hun alltid drømt om å leve ut sin innerste detektivfantasi. Den dagen da Oslo ble rammet av et uforklarlig blomsterkaos, fikk hun sjansen til å leve ut denne drømmen.

Det hele begynte en mild vårmorgen da Ingrid åpnet døren til "Pettersens Blomster og Hager". Den søte duften av nylig klipte blomster møtte henne, som den alltid gjorde. Ingrid var enke og drev butikken alene etter at mannen hennes gikk bort for noen år siden. Hun snakket ofte med blomstene og syntes de hadde en måte å fortelle henne ting på. Men denne dagen følte hun at noe var annerledes.

Blomstene i butikken hennes hadde blitt byttet ut med en uvanlig samling. Hvitveisene var blitt erstattet av svarte roser, og liljene hadde blitt overtatt av blodrøde anemoner. Ingrid rynket pannen og bestemte seg for å undersøke saken nærmere. Det virket som om noen hadde byttet blomstene i løpet av natten, og Ingrid ble nysgjerrig på hvem som kunne ha gjort dette.

Hun bestemte seg for å begynne sin egen etterforskning. Ingrid visste at politiet hadde mer alvorlige saker å håndtere, så hun skulle løse dette mysteriet selv. Hun begynte å stille spørsmål til kundene sine, og det tok ikke lang tid før hun oppdaget at flere andre blomsterbutikker i Oslo også hadde opplevd lignende hendelser.

Som en ekte amatør-detektiv begynte Ingrid å notere seg mistenkelige personer som hadde vært innom butikken hennes i det siste. Hun satte opp et lite "komité" bestående av lojale kunder som hjalp henne med å samle informasjon og overvåke nabolaget om natten.

Mens hun dykket dypere ned i mysteriet, oppdaget Ingrid en sammenheng mellom de svarte rosenes opprinnelse og en mystisk blomsterhandler ved navn Viktor Kovalenko. Viktor var kjent for å selge eksotiske blomster fra fjerne land og var en gåtefull figur i Oslos blomstermiljø. Ingrid følte at han kunne ha svar på gåten.

Hun bestemte seg for å besøke Viktor Kovalenkos blomsterbutikk, "Blomsterparadiset", som lå i en skjult bakgate i Oslo. Viktor var en snodig karakter, med hvitt hår og et skjevt smil. Han var imøtekommende, men Ingrid kunne føle at han skjulte noe.

Etter en vennlig samtale og litt insistering fra Ingrid, innrømmet Viktor at han hadde fått en leveranse av uvanlige blomster fra en ukjent kilde. Han hadde ingen anelse om at de skulle erstatte blomstene i andre butikker. Viktor og Ingrid bestemte seg for å samarbeide for å finne ut mer om den mystiske blomstertyven.

Sammen begynte de å etterforske blomsternes opprinnelse. Sporene førte dem til en hemmelig hage, skjult i de dype skogene rundt Oslo. Denne hagen var fylt med sjeldne og eksotiske blomster, som ingen hadde sett maken til. Ingrid og Viktor kunne ikke tro øynene sine. Hagen var som en skattkiste, og det var tydelig at noen hadde brukt år på å pleie den.

Mens de utforsket hagen, støtte de på en annen blomsterhandler ved navn Astrid Olsen. Hun hadde også oppdaget hagen og var like forundret som dem. Tre amatør-detektiver slo seg sammen for å løse mysteriet.

Etter grundig etterforskning og en rekke uventede vendinger, avslørte trioen at den hemmelige hagen tilhørte en eldre kvinne ved navn Agnes Larsen, som hadde vært en anerkjent blomsterhandler i sin ungdom. Hun hadde forlatt Oslo for mange år siden, men hadde aldri glemt sin kjærlighet for blomster.

Agnes hadde bestemt seg for å lage denne hemmelige hagen som en gave til Oslo og alle blomsterelskere. Hun hadde bedt Viktor om hjelp til å spre blomstrene til ulike butikker for å sikre at folk fikk se og glede seg over dem. Problemet var at Viktor hadde mistet kontakten med henne og begynt å selge blomstrene i stedet.

Etter å ha forstått Agnes' intensjoner, bestemte Ingrid, Viktor og Astrid seg for å hjelpe henne med å gjenopprette hagen og spre blomstrene i hele byen. De organiserte en stor blomsterutstilling i Oslos sentrum for å feire Agnes' kjærlighet til blomster og bringe livet tilbake til byen.

Historien om "Blomstermysteriet i Oslo" spredte seg raskt gjennom byen, og folk ble inspirert til å dyrke blomster og gjenopplive den tradisjonelle blomsterhandelen. Ingrid, Viktor og Astrid hadde lykkes med å løse mysteriet og samtidig gjenopplive Oslos blomsterverden.

I dag er "Pettersens Blomster og Hager" et av de mest populære stedene å kjøpe blomster i Oslo. Ingrid, Viktor og Astrid forble gode venner og fortsatte å hjelpe hverandre med å spre blomsterglede i hele byen. Og selv om Ingrid aldri ble en profesjonell detektiv, hadde hun opplevd sitt eget spennende eventyr og lært at det var alltid tid for blomster og mysterier i livet hennes.

The Flower Mystery

In the cobblestone streets of Oslo, where spring painted the city with colorful flowers, lived a modest florist named Ingrid Pettersen. Ingrid had always had a passion for flowers and a knack for mysteries. Though she was just an ordinary florist, she had always dreamed of living out her innermost detective fantasy. The day Oslo was struck by an inexplicable floral chaos, she got the chance to fulfill this dream.

It all began on a mild spring morning when Ingrid opened the door to "Pettersen's Flowers and Gardens." The sweet scent of freshly cut flowers greeted her, as it always did. Ingrid was a widow and ran the shop alone after her husband passed away a few years ago. She often spoke to the flowers and believed they had a way of telling her things. But this day, she felt something was different.

The flowers in her shop had been replaced with an unusual assortment. White violets had been substituted with black roses, and lilies had been taken over by blood-red anemones. Ingrid furrowed her brow and decided to investigate further. It seemed like someone had swapped the flowers overnight, and Ingrid became curious about who could have done this.

She resolved to start her own investigation. Ingrid knew that the police had more serious cases to handle, so she would solve this mystery herself. She began to ask questions of her customers, and it didn't take long before she discovered that several other flower shops in Oslo had also experienced similar events.

Like a true amateur detective, Ingrid started noting down suspicious individuals who had visited her shop recently. She set up a small "committee" consisting of loyal customers to help her gather information and watch the neighborhood at night.

As she delved deeper into the mystery, Ingrid uncovered a connection between the origin of the black roses and a mysterious florist named Viktor Kovalenko. Viktor was known for selling exotic flowers from distant lands and was an enigmatic figure in Oslo's flower community. Ingrid felt he might hold the answers to the puzzle.

She decided to visit Viktor Kovalenko's flower shop, "Flower Paradise," tucked away in a hidden alley in Oslo. Viktor was an eccentric character with white hair and a crooked smile. He was welcoming, but Ingrid could sense he was hiding something.

After a friendly conversation and some prodding from Ingrid, Viktor admitted to receiving a shipment of unusual flowers from an unknown source. He had no idea they were meant to replace the flowers in other shops. Viktor and Ingrid decided to collaborate to learn more about the mysterious flower thief.

Together, they began to investigate the flowers' origin. The trail led them to a secret garden hidden deep in the forests around Oslo. This garden was filled with rare and exotic flowers like nothing they had ever seen. Ingrid and Viktor couldn't believe their eyes. The garden was like a treasure trove, and it was clear that someone had spent years nurturing it.

While exploring the garden, they encountered another florist named Astrid Olsen. She had also discovered the garden and was as amazed as they were. The three amateur detectives joined forces to solve the mystery.

After thorough investigation and a series of unexpected twists, the trio uncovered that the secret garden belonged to an elderly woman named Agnes Larsen, who had been a renowned florist in her youth. She had left Oslo many years ago but had never forgotten her love for flowers.

Agnes had decided to create this secret garden as a gift to Oslo and all flower lovers. She had asked Viktor for help in distributing the flowers to various shops to ensure people could see and enjoy them. The problem was that Viktor had lost contact with her and started selling the flowers instead.

Upon understanding Agnes' intentions, Ingrid, Viktor, and Astrid decided to assist her in restoring the garden and spreading the flowers throughout the city. They organized a grand flower exhibition in the heart of Oslo to celebrate Agnes' love for flowers and bring life back to the city.

The story of "The Flower Mystery in Oslo" quickly spread throughout the city, inspiring people to cultivate flowers and revive the traditional flower trade. Ingrid, Viktor, and Astrid had succeeded in solving the mystery while simultaneously reviving Oslo's world of flowers.

Today, "Pettersen's Flowers and Gardens" is one of the most popular places to buy flowers in Oslo. Ingrid, Viktor, and Astrid remained good friends and continued to help each other spread floral joy throughout the city. And although Ingrid never became a professional detective, she had experienced her own exciting adventure and learned that there was always time for flowers and mysteries in her life.

Den Glemte Bokhandelen

Midt i den travle byen Bergen, hvor regnet ofte danset på gatene og tåken svevde i fjellene, lå en bortgjemt bokhandel som ingen syntes å huske. Denne bokhandelen het "Ords Fantastiske Verden", og den hadde eksistert i generasjoner, men hadde nå falt i glemselens skygge.

Bokhandelen ble drevet av en eldre kvinne ved navn Edith, som hadde arvet den fra sine foreldre. Edith var en sjenert og beskjeden sjel, mer opptatt av bøker enn av mennesker. Hun hadde alltid ment at bøkene i bokhandelen hennes kunne snakke mer til hjertene til menneskene enn hun noensinne kunne.

En dag, da regnet trommet mot butikkvinduene og tåken omsluttet byen, kom en ung kvinne ved navn Emma inn i bokhandelen. Emma var ny i Bergen, og hun hadde hørt rykter om denne bokhandelen som hadde eksistert i en årrekke. Hun hadde en lidenskap for bøker og hadde alltid drømt om å finne et skjult litterært skattkammer.

Da hun trådte inn i "Ords Fantastiske Verden", ble hun møtt av en atmosfære av tidløs sjarm. Hyllene var fulle av gamle og nye bøker, og lukten av papir og blæk hang i luften. Edith satt bak disken, med nesen begravd i en bok. Hun løftet blikket da klokken på veggen ringte, og så Emma stående der med et forventningsfullt smil.

"Kan jeg hjelpe deg med noe?" spurte Edith forsiktig.

Emma nølte et øyeblikk før hun svarte, "Jeg har hørt så mye om denne bokhandelen og lurte på om du kan anbefale en bok til meg."

Edith smilte forsiktig og steg opp fra stolen sin. "Selvfølgelig, unge dame. Hva slags bok er du interessert i?"

Emma tenkte et øyeblikk. "Jeg elsker eventyr og mysterier, men jeg er åpen for hva som helst som kan ta meg med på en reise."

Edith begynte å bladre gjennom hyllene og trakk til slutt frem en bok med en falmet rygg. "Prøv denne," sa hun, og ga Emma en bok som het "Skyggene i Bjørkedalen."

Emma takket og betalte for boken før hun forlot butikken. Hun kunne ikke vente med å begynne å lese.

De neste ukene ble "Skyggene i Bjørkedalen" Emmas faste følgesvenn. Hun kunne ikke legge den fra seg, og historien tok henne med på en reise til en magisk verden der mysterier lurte bak hver hjørne. Emma besøkte "Ords Fantastiske Verden" oftere for å snakke med Edith om boken og for å utforske andre skjulte skatter i bokhandelen.

Det tok ikke lang tid før Emma begynte å legge merke til at det aldri var andre kunder i bokhandelen når hun var der. Hun begynte også å legge merke til at Edith alltid virket litt trist, som om hun hadde en dyp sorg i hjertet sitt.

En regnfull dag kom Emma til butikken og så Edith stå ved et vindu og stirre ut i det fuktige landskapet. Hun la merke til at Edith holdt en gammel dagbok i hendene sine og hadde tårer i øynene. Emma bestemte seg for å gå bort til henne og spørre om alt var i orden.

"Er det noe som plager deg, Edith?" spurte Emma med bekymring i stemmen.

Edith snudde seg overrasket og prøvde å tørke bort tårene med ermene. "Å, det er ingenting, kjære. Bare gamle minner som kommer tilbake."

Emma kjente på seg at det var mer til historien, men hun ville ikke presse. I stedet spurte hun forsiktig, "Kan jeg hjelpe på noen måte?"

Edith smilte svakt. "Du har allerede hjulpet mer enn du aner, Emma. Du har brakt liv til denne bokhandelen igjen med din kjærlighet til bøker."

Emma rynket pannen. "Hva mener du?"

Edith pustet dypt inn før hun begynte å fortelle historien om bokhandelen. "Ords Fantastiske Verden" hadde en gang vært hjertet av Bergen's litterære samfunn. Folk kom fra fjern og nær for å finne sjeldne bøker og nyte Ediths fars kloke anbefalinger. Men med årene hadde folk glemt bokhandelen, og den hadde nesten blitt en glemt skatt.

Da Edith overtok bokhandelen etter foreldrene sine, forsøkte hun å holde driften oppe. Men tiden hadde forandret seg, og folk ble mer opptatt av digitale bøker og kjedebokhandlere. Hun hadde til slutt gitt opp håpet om å holde bokhandelen i live, og dagene hadde blitt ensomme.

Emma lyttet nøye til Ediths historie og kunne føle smerten og ensomheten hun hadde følt. "Jeg kan ikke la denne bokhandelen forsvinne," sa Emma bestemt. "Vi kan jobbe sammen for å få folk tilbake hit."

Edith så på Emma med takknemlighet i øynene. "Du er en engel, Emma."

Sammen begynte de to kvinnene å planlegge hvordan de skulle bringe bokhandelen tilbake til livet. Emma opprettet en nettside og brukte sosiale medier for å markedsføre bokhandelen. De organiserte bokklubber og forfatterarrangementer for å trekke folk til butikken.

Det tok tid, men snart begynte folk å strømme inn i "Ords Fantastiske Verden" igjen. Bokhandelen ble en pulserende møteplass for litteratur-elskere, og Edith fant glede i å anbefale bøker og dele sin lidenskap med kundene.

Som årene gikk, ble Emma og Edith nære venner. De delte ikke bare kjærligheten til bøker, men også livets gleder og sorger. Bokhandelen blomstret, og Bergen's litterære samfunn begynte å blomstre igjen.

En dag, da solen brøt gjennom tåken og regnet, satt Emma ved skrivebordet i bokhandelen og så rundt seg med glede. "Hvem skulle trodd at en bokhandel som hadde blitt glemt, kunne komme tilbake til livet?"

Edith smilte bredt og nikket. "Takk for at du kom inn i livet mitt, Emma. Du har gitt meg troen på at selv det som er glemt, kan bli husket."

The Forgotten Bookstore

In the midst of the bustling city of Bergen, where rain often danced on the streets and fog clung to the mountains, lay a hidden bookstore that no one seemed to remember. This bookstore was called "Ords Fantastiske Verden" (The Fantastic World of Words), and it had existed for generations but had now fallen into the shadow of oblivion.

The bookstore was run by an elderly woman named Edith, who had inherited it from her parents. Edith was a shy and reserved soul, more focused on books than on people. She had always believed that the books in her bookstore could speak more to people's hearts than she ever could.

One day, as the rain drummed against the shop's windows and the fog enveloped the city, a young woman named Emma walked into the bookstore. Emma was new to Bergen, and she had heard rumors about this bookstore that had existed for years. She had a passion for books and had always dreamed of finding a hidden literary treasure.

As she stepped into "Ords Fantastiske Verden," she was met with an atmosphere of timeless charm. The shelves were filled with old and new books, and the scent of paper and ink hung in the air. Edith sat behind the counter, her nose buried in a book. She looked up as the clock on the wall chimed and saw Emma standing there with an expectant smile.

"Can I help you with something?" Edith asked gently.

Emma hesitated for a moment before replying, "I've heard so much about this bookstore and was wondering if you could recommend a book to me."

Edith smiled softly and rose from her chair. "Of course, young lady. What kind of book are you interested in?"

Emma thought for a moment. "I love adventures and mysteries, but I'm open to anything that can take me on a journey."

Edith began to browse the shelves and eventually pulled out a book with a faded spine. "Try this one," she said, handing Emma a book titled "Shadows in Birch Valley."

Emma thanked her and paid for the book before leaving the store. She couldn't wait to start reading.

In the following weeks, "Shadows in Birch Valley" became Emma's constant companion. She couldn't put it down, and the story took her on a journey to a magical world where mysteries lurked around every corner. Emma visited "Ords Fantastiske Verden" more often to talk to Edith about the book and to explore other hidden treasures in the bookstore.

It didn't take long for Emma to notice that there were never any other customers in the bookstore when she was there. She also began to notice that Edith always seemed a little sad, as if she carried a deep sorrow in her heart.

One rainy day, Emma came to the shop and saw Edith standing by a window, gazing out at the damp landscape. She noticed that

Edith held an old diary in her hands and had tears in her eyes. Emma decided to approach her and ask if everything was alright.

"Is something troubling you, Edith?" Emma asked with concern in her voice.

Edith turned around in surprise and tried to wipe away the tears with her sleeves. "Oh, it's nothing, dear. Just old memories resurfacing."

Emma had a feeling there was more to the story, but she didn't want to press. Instead, she asked gently, "Is there anything I can do to help?"

Edith smiled weakly. "You've already helped more than you know, Emma. You've brought life back to this bookstore with your love for books."

Emma furrowed her brow. "What do you mean?"

Edith took a deep breath before she began to tell the story of the bookstore. "Ords Fantastiske Verden" had once been the heart of Bergen's literary community. People came from far and wide to find rare books and enjoy Edith's father's wise recommendations. But over the years, people had forgotten the bookstore, and it had almost become a forgotten treasure.

When Edith took over the bookstore from her parents, she tried to keep it afloat. But times had changed, and people became more engrossed in digital books and chain bookstores. She had eventually given up hope of keeping the bookstore alive, and her days had become lonely.

Emma listened attentively to Edith's story and could feel the pain and loneliness she had experienced. "I can't let this bookstore fade away," Emma said determinedly. "We can work together to bring people back here."

Edith looked at Emma with gratitude in her eyes. "You're an angel, Emma."

Together, the two women began to plan how to breathe life back into the bookstore. Emma created a website and used social media to promote the bookstore. They organized book clubs and author events to attract people to the shop.

It took time, but soon people began to flock to "Ords Fantastiske Verden" once more. The bookstore became a vibrant meeting place for literature lovers, and Edith found joy in recommending books and sharing her passion with customers.

As the years passed, Emma and Edith became close friends. They shared not only their love for books but also life's joys and sorrows. The bookstore thrived, and Bergen's literary community began to flourish again.

One day, as the sun broke through the fog and rain, Emma sat at the desk in the bookstore and looked around with delight. "Who would have thought that a forgotten bookstore could come back to life?"

Edith smiled broadly and nodded. "Thank you for coming into my life, Emma. You've given me faith that even what is forgotten can be remembered."

Den Mystiske Skatten i Gamlebukta

På den lille øya Vesthavn, som lå isolert langt fra fastlandet, var det en fredelig fiskerlandsby som hadde eksistert i generasjoner. Landsbyen hadde vært avhengig av fiske som sin hovedinntektskilde, men det var en lang tid siden fisken hadde blitt mindre og mindre. Øyboerne begynte å bekymre seg for fremtiden.

I sentrum av landsbyen bodde en ung kvinne ved navn Selma. Hun hadde alltid vært nysgjerrig på øyas historie og de gamle historiene om en skjult skatt som skulle ligge begravd et sted i nærheten. Selma hadde tilbrakt mange somre med å lete etter ledetråder og spor, men så langt hadde hun ikke funnet noe.

En dag da Selma var ute og gikk langs stranden, så hun noe som fanget oppmerksomheten hennes. Halvveis ned i stranden, som vanligvis ble oversvømt ved høyvann, stakk det ut en gammel bok fra sanden. Hun plukket den opp og tørket den forsiktig av. Det var en slitt bok med tittelen "Skattenes Historie: Vesthavns Hemmelighet."

Selma kunne ikke tro sin lykke. Hun hadde funnet en bok som kunne inneholde informasjon om den skjulte skatten. Med hjertet som banket av spenning, åpnet hun boken og begynte å lese.

Boken inneholdt gamle historier og kart som beskrev hvordan øyboerne i generasjoner hadde jaktet på skatten. Det var antydninger om at skatten kunne være begravd i en hule dypt inne i en klippe som var kjent som "Dragehodet." Boken beskrev også en mystisk nøkkel som skulle åpne skattens hemmelige kiste.

Selma kunne ikke vente med å begynne å utforske. Hun fortalte landsbyens eldste om sin oppdagelse, og de ga henne sin velsignelse og støtte til å lete etter skatten. Sammen begynte de å undersøke gamle kart og snakke med eldre øyboere som kunne huske de gamle historiene om skatten.

Den første ledetråden førte dem til Dragehodet, en mektig klippe som raste ned i havet. Selma og de andre begynte å utforske hulen som var kjent som "Dragehodets gap." De fant eldgamle skrifttegn som beskrev hvordan nøkkelen skulle brukes for å åpne skattkisten.

Neste ledetråd pekte på en mystisk øy som var synlig fra Dragehodet. Det var en øy som hadde vært ubebodd i mange år og var omgitt av farlige strømmer og skjær. Ifølge historiene hadde skatten blitt fraktet dit for å beskytte den mot tyver.

Selma og de andre tok en liten båt ut til øya og begynte å lete. Etter dager med hardt arbeid, fant de et gammelt vrak som hadde sunket utenfor øya. Og inni vraket fant de den hemmelige kisten. Men det var et problem - de manglet nøkkelen som skulle åpne den.

Selma visste at hun måtte finne nøkkelen for å fullføre skattejakten. Hun gikk tilbake til Dragehodet og studerte de gamle skrifttegnene nøye. Etter dager med undersøkelser og forsøk og feiling, oppdaget hun en skjult hule i klippen som inneholdt den nødvendige nøkkelen.

Med nøkkelen i hånden, vendte Selma og landsbyens eldste tilbake til øya og åpnet skattkisten. Den strålte med gull og juveler, og øyboerne kunne ikke tro synet som møtte dem. Det var skatten som hadde blitt tapt i tidens tåke, og den ville redde øya fra den økonomiske krisen de hadde stått overfor.

Med skatten i behold vendte Selma og de andre tilbake til Vesthavn. De delte skatten med hele landsbyen og brukte midlene for å modernisere fiskeflåten og gjenopplive fiskeindustrien. Øya begynte å blomstre igjen, og ordet om skatten og Selmas mot og utholdenhet spredte seg til fastlandet.

Men Selma hadde allerede funnet sin største skatt - historiene og kulturen til øya Vesthavn. Hun fortsatte å utforske øya og dokumentere dens rike historie, og hun lærte aldri å slutte å være nysgjerrig.

Så, i Vesthavn, ble historien om den mystiske skatten i Gamlebukta en legende som ble fortalt fra generasjon til generasjon, og den minnet folk om at skatter kan være mer enn gull og juveler - de kan være historie og samhold som gir en dypere mening til livet.

The Mysterious Treasure in Old Bay

On the small island of Westhaven, isolated far from the mainland, there was a peaceful fishing village that had existed for generations. The village had relied on fishing as its main source of income, but it had been a long time since the fish had become scarcer and scarcer. The islanders began to worry about the future.

In the center of the village lived a young woman named Selma. She had always been curious about the island's history and the old stories of a hidden treasure that was said to be buried somewhere nearby. Selma had spent many summers searching for clues and traces, but so far, she had found nothing.

One day, as Selma was walking along the beach, she saw something that caught her attention. Halfway down the beach, which was usually flooded at high tide, an old book stuck out of the sand. She picked it up and carefully wiped it off. It was a worn book titled "The History of Treasures: Westhaven's Secret."

Selma couldn't believe her luck. She had found a book that could contain information about the hidden treasure. With her heart pounding with excitement, she opened the book and began to read.

The book contained old stories and maps that described how the islanders had hunted for the treasure for generations. There were hints that the treasure could be buried in a cave deep inside a cliff known as "Dragon's Head." The book also described a mysterious key that would unlock the treasure's secret chest.

Selma couldn't wait to start exploring. She told the village elders about her discovery, and they gave her their blessing and support to search for the treasure. Together, they began to examine old maps and talk to elderly islanders who could remember the old stories of the treasure.

The first clue led them to Dragon's Head, a mighty cliff that plunged into the sea. Selma and the others started exploring the cave known as "Dragon's Head Gap." They found ancient inscriptions that described how the key should be used to open the treasure chest.

The next clue pointed to a mysterious island visible from Dragon's Head. It was an island that had been uninhabited for many years and was surrounded by dangerous currents and rocks. According to the stories, the treasure had been transported there to protect it from thieves.

Selma and the others took a small boat to the island and began to search. After days of hard work, they found an old wreck that had sunk off the coast of the island. And inside the wreck, they found the secret chest. But there was a problem - they were missing the key to open it.

Selma knew she had to find the key to complete the treasure hunt. She went back to Dragon's Head and studied the old inscriptions carefully. After days of investigation and trial and error, she discovered a hidden cave in the rock that contained the necessary key.

With the key in hand, Selma and the village elders returned to the island and opened the treasure chest. It glittered with gold and jewels, and the islanders couldn't believe their eyes. It was the treasure that had been lost in the mists of time, and it would save the island from the economic crisis they had been facing.

With the treasure intact, Selma and the others returned to Westhaven. They shared the treasure with the entire village and used the funds to modernize the fishing fleet and revive the fishing industry. The island began to thrive again, and the word about the treasure and Selma's courage and perseverance spread to the mainland.

But Selma had already found her greatest treasure - the stories and culture of the island of Westhaven. She continued to explore the island and document its rich history, and she never learned to stop being curious.

So, in Westhaven, the story of the mysterious treasure in Old Bay became a legend that was passed down from generation to generation, and it reminded people that treasures can be more than gold and jewels - they can be history and community that give deeper meaning to life.

Stjerneskatten

På den mørkeste og kaldeste vinterdagen i den lille landsbyen Birkedal, hvor snøen dekket alt i et hvitt teppe og stjernene lyste klart på nattehimmelen, hendte det noe som skulle forandre livet til en ung jente ved navn Astrid.

Astrid var en drømmende sjel, alltid fascinert av stjernene og himmelens mysterier. Hun tilbrakte netter ved vinduet sitt, stirrende opp på stjernehimmelen og undrende over hva som skjulte seg der ute i verdensrommet.

En kveld, mens hun satt ved vinduet og betraktet stjernene, la hun merke til noe uvanlig. En spesiell stjerne skinte klart og skilte seg ut fra de andre. Den glitret som en gnistrende diamant og var større og mer blendende enn noe Astrid hadde sett før.

Fylt av nysgjerrighet og en følelse av at dette var noe viktig, bestemte Astrid seg for å utforske nærmere. Hun kledde på seg varme klær, tok med seg en lykt og begynte å følge den klare stjernen som lyste vei gjennom den stille skogen bak huset hennes.

Jo dypere hun kom inn i skogen, jo mer mystisk ble det. Stjernen ledet henne til en skjult glen, hvor den plutselig forsvant i mørket. Astrid var ikke redd, men følte en uforklarlig ro og spenning som drev henne fremover.

I hjertet av glenen oppdaget Astrid en stein som lyste i en skinnende blå farge. Steinens glød ble enda sterkere når hun nærmet seg, og hun kunne knapt tro øynene sine. Dette var ingen vanlig stein. Det måtte være noe magisk ved den.

Astrid bestemte seg for å ta med seg den glødende steinen hjem. Hun visste ikke hva som ventet henne, men hun følte at denne oppdagelsen var meningen med hennes liv.

Da hun kom tilbake til landsbyen, ble folkene nysgjerrige på den mystiske steinen Astrid bar. Noen mente det var en skatt, mens andre trodde den hadde overnaturlige krefter. Det spredte seg som ild i tørt gress, og snart hadde hele Birkedal hørt om Astrids funn.

Landsbyens eldste, en klok mann ved navn Erik, bestemte seg for å studere steinen. Han hadde alltid vært interessert i stjernene og hadde en uvanlig innsikt i himmellegemers mysterier.

Etter nøye undersøkelser kom Erik med en oppdagelse som rystet alle. Den glødende steinen var ikke bare en vanlig skatt; den var en fragment av en gammel stjerne som hadde eksplodert for millioner av år siden. Den hadde kraften til å oppfylle ønsker og drømmer, men den måtte brukes med forsiktighet.

Nå begynte utfordringene for Astrid og Birkedal. Landsbyens folk kom fra fjern og nær for å ønske seg ting fra den magiske stjernesteinen. Noen ba om rikdom, andre om helse, og noen ønsket kjærlighet. Astrid, som hadde funnet stenen, ble utpekt som den som skulle håndtere ønskene.

Astrid forsto at hun måtte bruke stjernesteinen med klokskap. Hun kunne ikke oppfylle alle ønsker, for det ville være en byrde for både henne og stjernen. Hun bestemte seg for å begrense ønskene til de mest nødvendige og meningsfulle.

Hun hjalp en gammel mann med å få helsen tilbake, slik at han kunne tilbringe tid med barnebarna sine. Hun hjalp en fattig familie med å få mat på bordet og varme i huset. Hun hjalp også en ung kunstner med å finne inspirasjon, og han skapte vakre malerier som brakte glede til landsbyen.

Men det var en drøm som Astrid hadde båret i hjertet sitt siden barndommen. Hun ønsket å forstå stjernene og himmelens hemmeligheter på en dypere måte. Så, en kveld, stod hun alene under den klare nattehimmelen med den magiske stjernesteinen i hånden og ønsket at hun kunne reise ut i verdensrommet og se stjernene nærmere.

Plutselig ble Astrid løftet opp i luften, omgitt av et glødende lys. Hun følte seg sveve gjennom verdensrommet, forbi stjerner og planeter, og det var som om universets hemmeligheter ble avslørt for henne. Hun følte en uendelig tilknytning til stjernene og visste at hun aldri ville se på himmelen på samme måte igjen.

Da hun kom tilbake til jorden, visste hun at hun hadde opplevd noe helt spesielt. Astrid bestemte seg for å dele sin kunnskap om stjernene med landsbyen. Hun begynte å lære andre om astronomi og ga dem en dypere forståelse av universet rundt dem.

Mens årene gikk, ble Birkedal kjent som en landsby med stor visdom om stjernene. Folk fra fjern og nær kom for å lære av Astrid og de eldre som hadde blitt inspirert av henne. Landsbyen ble ikke bare kjent for stjernesteinen, men også for sin kunnskap om universet.

Astrid levde et rikt og meningsfullt liv, og selv om hun hadde opplevd mange eventyr og utfordringer, var det hennes kjærlighet til stjernene som alltid var den mest skinnende delen av hennes reise.

Så, i Birkedal, ble historien om "Stjerneskatten" en legende som minnet folk om at det finnes skatter som ikke kan måles i gull og juveler - skatter som er skjult i universets uendelighet og i hjertene til de som våger å drømme.

The Starry Treasure

On the darkest and coldest winter day in the small village of Birkedal, where the snow covered everything in a white blanket and the stars shone brightly in the night sky, something happened that would change the life of a young girl named Astrid.

Astrid was a dreamy soul, always fascinated by the stars and the mysteries of the sky. She spent nights by her window, gazing up at the starry heavens and wondering about what lay hidden out there in the vast universe.

One evening, as she sat by the window and contemplated the stars, she noticed something unusual. A special star shone brightly and stood out from the others. It sparkled like a glittering diamond and was larger and more dazzling than anything Astrid had ever seen before.

Filled with curiosity and a sense that this was something important, Astrid decided to investigate further. She put on warm clothes, took a lantern, and began to follow the bright star that lit her way through the silent forest behind her house.

The deeper she ventured into the forest, the more mysterious it became. The star led her to a hidden glade where it suddenly disappeared into the darkness. Astrid wasn't afraid but felt an unexplained calm and excitement that urged her forward.

At the heart of the glade, Astrid discovered a stone that glowed in a radiant blue color. The stone's glow intensified as she approached, and she could barely believe her eyes. This was no ordinary stone; it must be something magical.

Astrid decided to take the glowing stone home with her. She didn't know what awaited her, but she felt that this discovery was the purpose of her life.

When she returned to the village, the people became curious about the mysterious stone Astrid carried. Some believed it was a treasure, while others thought it had supernatural powers. The news spread like wildfire, and soon the entire Birkedal had heard about Astrid's find.

The village's elder, a wise man named Erik, decided to study the stone. He had always been interested in the stars and had an unusual insight into the mysteries of celestial bodies.

After careful examination, Erik made a discovery that shook everyone. The glowing stone was not just an ordinary treasure; it was a fragment of an ancient star that had exploded millions of years ago. It had the power to fulfill wishes and dreams, but it had to be used with caution.

Now, challenges began for Astrid and Birkedal. The village's people came from near and far to make wishes upon the magical starstone. Some asked for wealth, others for health, and some wished for love. Astrid, who had found the stone, was designated as the one to handle the wishes.

Astrid understood that she had to use the starstone wisely. She couldn't fulfill all wishes, for it would be a burden for both her and the star. She decided to limit the wishes to the most necessary and meaningful ones.

She helped an old man regain his health so he could spend time with his grandchildren. She aided a poor family in putting food on the table and warmth in their house. She also assisted a young artist in finding inspiration, and he created beautiful paintings that brought joy to the village.

But there was a dream that Astrid had carried in her heart since childhood. She wished to understand the stars and the mysteries of the heavens on a deeper level. So, one evening, she stood alone beneath the clear night sky with the magical starstone in her hand and wished that she could travel into space and see the stars up close.

Suddenly, Astrid was lifted into the air, surrounded by a radiant light. She felt herself soaring through space, past stars and planets, and it was as if the secrets of the universe were being revealed to her. She felt an infinite connection to the stars, and she knew she would never look at the sky in the same way again.

When she returned to Earth, she knew she had experienced something truly special. Astrid decided to share her knowledge of the stars with the village. She began to teach others about astronomy and gave them a deeper understanding of the universe around them.

As the years passed, Birkedal became known as a village of great wisdom about the stars. People from near and far came to learn from Astrid and the elders who had been inspired by her. The village became famous not only for the starstone but also for its knowledge of the universe.

Astrid lived a rich and meaningful life, and although she had experienced many adventures and challenges, her love for the stars was always the most shining part of her journey.

So, in Birkedal, the story of "The Starry Treasure" became a legend that reminded people that there are treasures that cannot be measured in gold and jewels - treasures that are hidden in the vastness of the universe and in the hearts of those who dare to dream.

Eventyret om Den Glemte Landsbyen

Langt inne i de dype skogene i Norge, hvor trærne var tette og elvene sildret klart, lå en liten og glemte landsby. Landsbyen het Skogsly, og dens folk hadde levd isolert fra omverdenen i generasjoner.

Ingen visste nøyaktig hvordan det hadde skjedd, men Skogsly hadde blitt glemt av verden utenfor. Veier som en gang hadde ført til landsbyen, hadde grodd igjen av villnisset, og folkene der hadde levd av de ressursene skogen ga dem.

I Skogsly levde en ung kvinne ved navn Elise. Hun var nysgjerrig og eventyrlysten, og hun hadde alltid drømt om å utforske verden utenfor skogen. Hun hadde hørt historier fra de eldre om den store verden som eksisterte utenfor deres lille landsby, og hennes hjerte lengtet etter å oppleve den.

En dag, da Elise vandret langs elvebredden og lyttet til vannets sang, så hun noe som skinte under det klare vannet. Hun nådde ned i elven og trakk opp en gammel bok. Boken var fuktig og slitt, men forsiden bar et kart som viste veier som førte ut av skogen.

Med hjertet som banket av spenning, gikk Elise tilbake til landsbyen og viste kartet til de eldre. De hadde aldri sett et kart som dette før og ble like nysgjerrige som henne. Kartet viste en vei ut av skogen og inn i den store verden som de hadde hørt så mye om.

Landsbyens folk bestemte seg for å følge kartet og utforske verden utenfor skogen. De rustet opp og pakket mat og utstyr for en lang reise. Elise ble utpekt som leder for ekspedisjonen på grunn av hennes nysgjerrighet og eventyrlyst.

Så, en tidlig morgen, forlot de Skogsly og begynte å følge kartets ledetråder. De fulgte stier som hadde blitt glemt i generasjoner, og de steg ut av skogen og inn i det ukjente.

Da de nådde den nærmeste byen, ble de møtt med sjokk og forbauselse. Folkene i byen hadde aldri hørt om Skogsly og visste ikke at det eksisterte en landsby i skogen. Elise og de andre forsøkte å forklare sin historie, men det var som om Skogsly hadde blitt visket ut av tidens hukommelse.

De bestemte seg for å utforske videre og reiste fra by til by, alltid på jakt etter spor som kunne føre dem tilbake til Skogsly. Underveis møtte de mennesker fra forskjellige kulturer og lærte om verden utenfor skogen.

Men uansett hvor de gikk, kunne de ikke finne noen som visste noe om Skogsly. Elise begynte å tvile på om landsbyen hadde eksistert i det hele tatt, eller om det var en drøm.

Årene gikk, og folkene fra Skogsly ble spredt rundt i verden. Elise fant seg til slutt i en stor by, hvor hun begynte å jobbe som bibliotekar. Hun hadde aldri glemt Skogsly, men hun hadde akseptert at det kanskje hadde vært en fantasi.

En dag, da Elise gikk gjennom bøkene i biblioteket, fant hun en gammel bok med tittelen "Glemte Landsbyer i Norge." Hun åpnet den og begynte å bla gjennom sidene. Og der, midt i boken, fant hun et bilde av Skogsly.

Hjertet hennes hoppet over et slag. Skogsly hadde eksistert. Det hadde vært en ekte landsby, og den var avbildet i en gammel bok. Elise kunne ikke tro sin lykke.

Hun begynte å lese alt hun kunne finne om Skogsly i boken, og hun fant en beskrivelse av hvordan landsbyen hadde blitt glemt av verden utenfor. Det hadde vært en stor tragedie som hadde ført til at landsbyen hadde isolert seg fra omverdenen.

Elise bestemte seg for å dra tilbake til Skogsly og fortelle verden at landsbyen fortsatt eksisterte. Hun hadde funnet beviset, og det var på tide å bringe Skogsly tilbake til livet.

Med boken som guide og kartet fra elven, reiste Elise tilbake til skogen. Det tok tid, men til slutt fant hun stedet der Skogsly en gang hadde stått. Landsbyen var overgrodd og forfallen, men det var fremdeles spor av mennesker som hadde levd der.

Elise begynte å rydde opp og restaurere landsbyen. Hun satte opp skilt langs stiene for å lede folk tilbake til Skogsly. Og gradvis begynte folk å strømme tilbake til den glemte landsbyen.

Det var en gledens dag da Skogsly våknet til liv igjen. Folk som hadde vært spredt rundt om i verden, kom tilbake til sine hjem, og landsbyen begynte å blomstre. Elise ble hyllet som en helt, og hun hadde endelig oppfylt sin drøm om å utforske verden utenfor skogen.

Skogsly ble et symbol på gjenoppdagelsen og det som var tapt, men aldri glemt. Folkene lærte verdien av å huske fortiden og å ta vare på det som var viktig for dem.

Så, i Skogsly, ble historien om "Den Glemte Landsbyen" en påminnelse om at selv om tiden kan viske ut spor, vil minnet om hva som en gang var, alltid leve videre i hjertene til de som holder det kjært.

The Adventure of the Forgotten Village

Deep within the dense forests of Norway, where the trees were thick and the rivers ran clear, lay a small and forgotten village. The village was named Skogsly, and its people had lived in isolation from the outside world for generations.

No one knew exactly how it had happened, but Skogsly had been forgotten by the world beyond. The roads that had once led to the village had become overgrown with wilderness, and the people there had survived on the resources the forest provided.

In Skogsly lived a young woman named Elise. She was curious and adventurous, and she had always dreamt of exploring the world beyond the forest. She had heard stories from the elders about the vast world that existed outside their small village, and her heart longed to experience it.

One day, as Elise wandered along the riverbank, listening to the soothing sound of flowing water, she spotted something shining beneath the clear water. She reached into the river and pulled out an old book. The book was damp and weathered, but its cover bore a map showing paths leading out of the forest.

With her heart pounding with excitement, Elise returned to the village and showed the map to the elders. They had never seen a map like this before and were just as curious as she was. The map indicated a way out of the forest and into the great world they had heard so much about.

The people of the village decided to follow the map and explore the world outside the forest. They gathered their belongings and packed food and supplies for a long journey. Elise was chosen as the leader of the expedition because of her curiosity and adventurous spirit.

So, one early morning, they left Skogsly and began following the map's clues. They followed trails that had been forgotten for generations and stepped out of the forest and into the unknown.

When they reached the nearest town, they were met with shock and astonishment. The townsfolk had never heard of Skogsly and had no knowledge of a village in the forest. Elise and the others tried to explain their story, but it was as if Skogsly had been erased from the memory of time.

They decided to explore further and traveled from town to town, always in search of clues that could lead them back to Skogsly. Along the way, they encountered people from different cultures and learned about the world outside the forest.

But no matter where they went, they couldn't find anyone who knew anything about Skogsly. Elise began to doubt whether the village had ever existed, or if it had been a dream.

Years passed, and the people from Skogsly became scattered around the world. Elise eventually found herself in a big city, where she started working as a librarian. She had never forgotten

Skogsly, but she had come to accept that it might have been a fantasy.

One day, as Elise was going through the books in the library, she stumbled upon an old book titled "Forgotten Villages of Norway." She opened it and started flipping through the pages. And there, in the middle of the book, she found a picture of Skogsly.

Her heart skipped a beat. Skogsly had existed. It had been a real village, and it was depicted in an old book. Elise could hardly believe her luck.

She began reading everything she could find about Skogsly in the book, and she discovered a description of how the village had been forgotten by the outside world. There had been a great tragedy that had led the village to isolate itself from the world.

Elise decided to return to Skogsly and tell the world that the village still existed. She had found the evidence, and it was time to bring Skogsly back to life.

With the book as her guide and the map from the river, Elise journeyed back to the forest. It took time, but eventually, she found the place where Skogsly had once stood. The village was overgrown and in ruins, but there were still traces of the people who had lived there.

Elise began to clean up and restore the village. She put up signs along the trails to lead people back to Skogsly. And gradually, people started returning to the forgotten village.

It was a day of joy when Skogsly came back to life. People who had been scattered around the world came back to their homes, and the village began to flourish. Elise was hailed as a hero, and she had finally fulfilled her dream of exploring the world beyond the forest.

Skogsly became a symbol of rediscovery and what was lost but never forgotten. The people learned the value of remembering the past and cherishing what was important to them.

So, in Skogsly, the story of "The Forgotten Village" became a reminder that even though time may erase traces, the memory of what once was will always live on in the hearts of those who hold it dear.

Drømmen om Den Magiske Hagen

Langt, langt borte fra den travle byen lå en gammel, forlatt hage. Den var gjemt bak høye murer, og ingen hadde sett den på mange år. Ryktene gikk om at det en gang hadde vært en magisk hage, men nå var den glemt av alle bortsett fra en ung jente ved navn Isabella.

Isabella var en drømmer. Hun tilbrakte dagene sine i byen, men om natten drømte hun om den hemmelige hagen. I drømmene hennes blomstret hagen med de vakreste blomster i alle regnbuens farger. Trærne sang en søt melodi, og fuglene fløy fritt i den klare himmelen.

En natt, da Isabella sov under den stjerneklare himmelen, hadde hun en spesiell drøm. I drømmen hørte hun en hvisken som kalte henne navnet hennes. Hun våknet med hjertet som banket og visste at det var på tide å finne den magiske hagen.

Neste morgen begynte Isabella å søke etter hagen. Hun gikk gjennom byen og spurte folk om de visste noe om den gamle hagen. De fleste ristet på hodet og trodde at hagen bare eksisterte i eventyr.

Men Isabella ga ikke opp. Hun begynte å lese gamle bøker om hager og magi, og hun samlet ledetråder som kunne hjelpe henne med å finne den magiske hagen.

En dag fant hun en gammel bok i en antikvarbokhandel. Boken hadde et kart som viste veien til den magiske hagen. Isabella visste at hun hadde funnet det hun lette etter.

Med kartet i hånden begynte Isabella reisen mot den ukjente hagen. Hun fulgte stiene og stiene som kartet viste henne, og hun kom til en stor, gammel port som hadde vært låst i mange år.

Isabella var ikke redd. Hun visste at hun var ment å være der. Hun åpnet porten, og der, foran henne, åpenbarte den magiske hagen seg i all sin prakt.

Hagen var akkurat som hun hadde drømt om. Blomstene blomstret i alle regnbuens farger, trærne sang en søt melodi, og fuglene fløy fritt i den klare himmelen. Isabella kunne ikke tro sine øyne.

Men det var noe mer i hagen. I midten av hagen sto en vakker fontene med en krystallklar kilde. Vannet glitret som diamanter i sollyset. Isabella visste at dette var hjertet av den magiske hagen.

Hun gikk bort til fontenen og stirret ned i det glitrende vannet. Plutselig så hun sitt eget ansikt i vannet, men det var noe mer. Hun så også ansiktene til alle de menneskene som hadde glemt hagen, de som hadde gått videre med livene sine uten å vite om dens skjønnhet.

Isabella visste hva hun måtte gjøre. Hun dykket ned i fontenen og begynte å svømme gjennom vannet. Det føltes som om hun ble trukket inn i en annen verden, en verden hvor tid og rom ikke hadde noen betydning.

Da hun kom opp fra vannet, visste Isabella at hun hadde gjort det rette. Hagen begynte å blomstre enda mer, og den gamle magien kom tilbake. Fuglene sang en vakrere melodi, og trærne nikket som om de var enige.

Isabella visste at hun måtte dele hagen med verden. Hun inviterte folk fra byen til å besøke den, og de ble fortryllet av dens skjønnhet. Hagen ble et sted for fred og refleksjon, et sted hvor folk kunne koble fra den travle hverdagen og finne ro i naturen.

Men Isabella hadde også en annen drøm. Hun ønsket å finne ut hvordan hun kunne bevare hagen og dens magi for fremtidige generasjoner. Hun begynte å studere om bærekraftig hagebruk og lærte hvordan hun kunne ta vare på hagen på en måte som respekterte naturen.

Med tiden ble Isabella en ekspert på hagebruk, og hun begynte å undervise andre i kunsten å bevare og verne om naturen. Hun grunnla en organisasjon som jobbet for å bevare vakre hager og naturperler rundt om i verden.

Gjennom årene ble den magiske hagen et eksempel på hvordan mennesker kunne samarbeide med naturen for å skape noe vakkert og bærekraftig. Hagen ble et symbol på Isabellas drøm om å bevare naturen for fremtidige generasjoner.

Så, i den magiske hagen, ble historien om "Drømmen om Den Magiske Hagen" en påminnelse om at drømmer kan bli virkelighet når man følger sitt hjerte og arbeider for å bevare det som er vakkert og verdifullt i verden.

The Dream of the Magical Garden

Far, far away from the bustling city, there lay an old, abandoned garden. It was hidden behind tall walls, and no one had seen it for many years. Rumors had it that it had once been a magical garden, but now it was forgotten by all except for a young girl named Isabella.

Isabella was a dreamer. She spent her days in the city, but at night, she dreamt of the secret garden. In her dreams, the garden bloomed with the most beautiful flowers in all the colors of the rainbow. The trees sang a sweet melody, and the birds flew freely in the clear sky.

One night, as Isabella slept under the starry sky, she had a special dream. In the dream, she heard a whisper calling her name. She woke up with her heart pounding and knew that it was time to find the magical garden.

The next morning, Isabella began searching for the garden. She walked through the city and asked people if they knew anything about the old garden. Most shook their heads and believed that the garden existed only in fairy tales.

But Isabella didn't give up. She started reading old books about gardens and magic, and she collected clues that could help her find the magical garden.

One day, she found an old book in an antique bookshop. The book had a map that showed the way to the magical garden. Isabella knew that she had found what she was looking for.

With the map in hand, Isabella began her journey to the unknown garden. She followed the trails and paths that the map showed her, and she arrived at a large, old gate that had been locked for many years.

Isabella wasn't afraid. She knew that she was meant to be there. She opened the gate, and there, in front of her, the magical garden revealed itself in all its glory.

The garden was just as she had dreamt it. The flowers bloomed in all the colors of the rainbow, the trees sang a sweet melody, and the birds flew freely in the clear sky. Isabella could hardly believe her eyes.

But there was something more in the garden. In the center of the garden stood a beautiful fountain with a crystal-clear spring. The water sparkled like diamonds in the sunlight. Isabella knew that this was the heart of the magical garden.

She walked over to the fountain and stared down into the sparkling water. Suddenly, she saw her own reflection in the water, but there was something more. She saw the faces of all the people who had forgotten the garden, those who had moved on with their lives without knowing of its beauty.

Isabella knew what she had to do. She dove into the fountain and began swimming through the water. It felt as if she was being pulled into another world, a world where time and space had no meaning.

When she emerged from the water, Isabella knew that she had done the right thing. The garden began to bloom even more, and the old magic returned. The birds sang a more beautiful melody, and the trees nodded as if they agreed.

Isabella knew that she had to share the garden with the world. She invited people from the city to visit it, and they were enchanted by its beauty. The garden became a place of peace and reflection, a place where people could disconnect from the busy everyday life and find solace in nature.

But Isabella also had another dream. She wanted to find out how to preserve the garden and its magic for future generations. She began studying sustainable gardening and learned how to take care of the garden in a way that respected nature.

Over the years, Isabella became an expert in gardening, and she started teaching others the art of preserving and protecting nature. She founded an organization that worked to preserve beautiful gardens and natural treasures around the world.

Through the years, the magical garden became an example of how people could collaborate with nature to create something beautiful and sustainable. The garden became a symbol of Isabella's dream of preserving nature for future generations.

So, in the magical garden, the story of "The Dream of the Magical Garden" became a reminder that dreams can come true when one follows their heart and works to preserve what is beautiful and valuable in the world.

48

Fiskeren fra Bergen

Langs den majestetiske kysten av Bergen, hvor fjordene møter havet og fjellene stiger mot himmelen, bodde det en fisker ved navn Henrik. Han var en mann av havet, født og oppvokst i denne pittoreske byen, og han hadde tilbrakt hele sitt liv på bølgene, fanget mellom himmel og hav.

Henrik var en stille mann med et hjerte som banket for havet. Han hadde lært å fiske av sin far og bestefar, som begge hadde vært fiskere i generasjoner. Han visste hvordan man leste sjøen og forstod hennes luner, hvordan man lokket fiskene til å bite, og hvordan man navigerte farvannene selv på de mest stormfulle dagene.

Hver morgen før soloppgang steg Henrik ombord i sin lille, værbitte båt, som han hadde gitt navnet "Sjøstjerna," og la ut på sitt daglige eventyr. Han hadde sine favorittsteder hvor fisken alltid bitt best, og han kjente dem som baksiden av hånden sin.

Men Henrik var ikke bare en fisker; han var også en drømmer. Han drømte om å finne den store fangsten, den ene som ville gi ham ære blant fiskerne i Bergen og gjøre ham til en legende. Han drømte også om å finne en skatt i havets dyp, som han kunne gi tilbake til byen som hadde gitt ham så mye.

En solrik sommermorgen, da bølgene klukket fredelig rundt "Sjøstjerna," skjedde det noe uventet. Henrik kastet ut sine nett som han alltid gjorde, men denne gangen var det noe annerledes.

Da han trakk dem tilbake, var det ikke bare fisk i nettene; det var noe som glitret og skinte i sollyset.

Henrik trakk opp en gammel, rusten kiste som var full av skatter. Det var gullmynter, smykker, og perler – en skatt fra en svunnen tid som hadde blitt glemt av verden. Henrik kunne ikke tro sine øyne. Han hadde funnet den skatten han alltid hadde drømt om.

I stedet for å beholde skatten for seg selv, bestemte Henrik seg for å dele den med folkene i Bergen. Han seilte tilbake til byen med kisten full av skatter og inviterte alle til et stort marked på havnen.

Ordet spredte seg raskt, og folk fra hele byen strømmet til havnen for å se skattene. Henrik holdt en åpen auksjon, der alle pengene som ble samlet inn, skulle gå til veldedighet og til å hjelpe de mindre heldige i byen.

Skattene ble solgt til høye priser, og folk var glade for å bidra til det gode formålet. Henrik hadde ikke bare funnet en skatt, han hadde også funnet hjertet til Bergen og dets folk.

Henrik fortsatte å fiske og dele med byen gjennom årene. Han ble kjent som "Fiskeren med det store hjertet," og han var elsket av alle. Han visste at det var mer enn bare skatter i havet; det var kjærlighet og samhold som bandt folkene sammen.

En kveld, mens Henrik satt ved båten sin og så solen gå ned bak de majestetiske fjellene, kom en ung gutt bort til ham. Gutten var nysgjerrig og ønsket å lære å fiske av den berømte fiskeren.

Henrik smilte og tok gutten under vingen sin. Han lærte ham alt han visste om havet, om hvordan man leste sjøen, fanget fisk og navigerte farvannene. Han delte også historier om skattene han hadde funnet og betydningen av å gi tilbake til samfunnet.

Årene gikk, og Henrik og gutten, som han hadde lært opp, ble uatskillelige. Gutten vokste opp til å bli en dyktig fisker og en kjent veldedighetsmann i Bergen, akkurat som Henrik hadde vært.

En dag, da Henrik var gammel og hadde fisket i mer enn femti år, innså han at det var på tide å la Sjøstjerna hvile. Han ga båten til den unge mannen og ba ham om å fortsette hans arbeid og arv.

Henrik gikk til fjordens bredd og betraktet solen som sank ned bak fjellene. Han hadde levd et rikt liv, fylt med eventyr og kjærlighet til havet og byen han kalte hjem.

Da Henrik gikk bort, ble han husket som en legende i Bergen, ikke bare for sine ferdigheter som fisker, men for sitt store hjerte og sin vilje til å gi tilbake til samfunnet. Han hadde funnet den største skatten av alle – kjærligheten til menneskene rundt ham.

Så, i Bergen, ble historien om "Fiskeren fra Bergen" en påminnelse om at ekte skatter ikke alltid er lagret i kister av gull og perler, men ofte finnes i hjertene til de som deler og gir tilbake til samfunnet.

The Fisherman from Bergen

Along the majestic coast of Bergen, where the fjords meet the sea and the mountains rise towards the sky, lived a fisherman named Henrik. He was a man of the sea, born and raised in this picturesque city, and he had spent his entire life on the waves, caught between the sky and the sea.

Henrik was a quiet man with a heart that beat for the ocean. He had learned to fish from his father and grandfather, both of whom had been fishermen for generations. He knew how to read the sea and understand her moods, how to lure the fish to bite, and how to navigate the waters even on the stormiest days.

Every morning before sunrise, Henrik boarded his weather-beaten boat, which he had named "Seastar," and set out on his daily adventure. He had his favorite spots where the fish always bit best, and he knew them like the back of his hand.

But Henrik was not just a fisherman; he was also a dreamer. He dreamt of finding the big catch, the one that would earn him honor among the fishermen of Bergen and make him a legend. He also dreamt of discovering a treasure in the depths of the sea that he could give back to the city that had given him so much.

One sunny summer morning, as the waves lapped peacefully around "Seastar," something unexpected happened. Henrik cast his nets as he always did, but this time, something was different.

When he pulled them back, it wasn't just fish in the nets; there was something that glittered and shone in the sunlight.

Henrik pulled up an old, rusted chest filled with treasures. There were gold coins, jewelry, and pearls – a treasure from a bygone era that had been forgotten by the world. Henrik couldn't believe his eyes. He had found the treasure he had always dreamt of.

Instead of keeping the treasure for himself, Henrik decided to share it with the people of Bergen. He sailed back to the city with the chest full of treasures and invited everyone to a grand market on the harbor.

The word spread quickly, and people from all over the city flocked to the harbor to see the treasures. Henrik held an open auction, where all the money raised would go to charity and help the less fortunate in the city.

The treasures were sold at high prices, and people were delighted to contribute to the noble cause. Henrik had not only found a treasure; he had also found the heart of Bergen and its people.

Henrik continued to fish and share with the city over the years. He became known as the "Fisherman with the Big Heart," and he was loved by all. He knew that there was more than just treasure in the sea; there was love and unity that bound the people together.

One evening, as Henrik sat by his boat and watched the sun set behind the majestic mountains, a young boy approached him. The boy was curious and wanted to learn to fish from the famous fisherman.

Henrik smiled and took the boy under his wing. He taught him everything he knew about the sea, how to read the waves, catch fish, and navigate the waters. He also shared stories about the treasures he had found and the importance of giving back to the community.

The years went by, and Henrik and the boy, whom he had mentored, became inseparable. The boy grew up to be a skilled fisherman and a renowned philanthropist in Bergen, just like Henrik had been.

One day, when Henrik was old and had fished for more than fifty years, he realized that it was time to let Seastar rest. He handed the boat over to the young man and asked him to continue his work and legacy.

Henrik walked to the edge of the fjord and watched the sun set behind the mountains. He had lived a rich life, filled with adventures and love for the sea and the city he called home.

As Henrik passed away, he was remembered as a legend in Bergen, not only for his skills as a fisherman but for his big heart and willingness to give back to the community. He had found the greatest treasure of all – the love of the people around him.

So, in Bergen, the story of "The Fisherman from Bergen" became a reminder that true treasures are not always stored in chests of gold and pearls but are often found in the hearts of those who share and give back to the community.

Det Magiske Musikkinstrumentet

I en liten landsby langt inne i skogen, hvor tiden syntes å gå langsommere, bodde en ung jente ved navn Alva. Alva var nysgjerrig og eventyrlysten, og hun tilbrakte ofte dagene sine alene i skogen, utforsket ukjente stier og lyttet til fuglenes sang.

En dag, mens Alva vandret dypt inn i skogen, hørte hun en vakker melodi som fløt gjennom luften. Hun fulgte lyden og kom til en glitrende bekk hvor en gammel mann satt og spilte på et mystisk musikkinstrument. Instrumentet lyste som stjernene på himmelen, og musikken var som en balsam for sjelen.

Alva var trollbundet av musikken og gikk nærmere den gamle mannen. Han smilte vennlig og inviterte henne til å sitte ved siden av ham. Han fortalte henne at han var en musiker som hadde reist gjennom mange verdener, og musikken hans hadde helbredende krefter.

"Jeg har lett etter en som kan arve dette magiske musikkinstrumentet," sa den gamle mannen og rakte det til Alva. "Du er den utvalgte."

Alva nølte, men hun kunne ikke motstå den fristende melodien som instrumentet laget. Hun tok det forsiktig i hånden sin og begynte å spille. Musikken strømmet gjennom henne som en elv, og hun følte en uforklarlig ro og lykke.

Fra den dagen ble Alva kjent som landsbyens musiker. Hun spilte på det magiske musikkinstrumentet for å bringe trøst og glede til folket i landsbyen. Syke ble helbredet, sorg ble lindret, og drømmer ble inspirert av musikken hennes.

Men Alva visste at musikken ikke bare var til for landsbyen. Hun begynte å reise til andre landsbyer og byer, hvor hun delte den helbredende musikken sin med mennesker som trengte den mest. Uansett hvor hun dro, ble folk fortryllet av musikken og dens magiske kraft.

En dag, mens hun spilte ved bredden av en stille innsjø, kom den gamle mannen tilbake til henne. Han smilte og sa: "Tiden er kommet for meg å reise videre til andre verdener. Musikkens gave er nå i dine hender, og du er den som skal spre lysets harmoni til hele verden."

Alva visste at hun ikke kunne holde på musikkinstrumentet for alltid, så hun ga det til en annen ung musiker som hadde behov for den. Sammen fortsatte de å dele musikkens magi og glede med verden.

Årene gikk, og Alva ble en legende i alle de verdener hun besøkte. Hennes navn ble synonymt med musikkens helbredende kraft, og hennes hjerte forble alltid fylt av eventyrlyst og kjærlighet til musikken.

Så, historien om "Det Magiske Musikkinstrumentet" ble en påminnelse om at musikk har kraften til å forandre liv og bringe helbredelse og glede til alle som lytter til den.

The Magical Musical Instrument

In a small village deep within the forest, where time seemed to pass more slowly, lived a young girl named Alva. Alva was curious and adventurous, often spending her days alone in the woods, exploring unfamiliar paths and listening to the birds' songs.

One day, while Alva wandered deep into the forest, she heard a beautiful melody wafting through the air. She followed the sound and came to a sparkling brook where an old man sat playing a mysterious musical instrument. The instrument shone like the stars in the sky, and the music was a balm for the soul.

Alva was enchanted by the music and approached the old man. He smiled kindly and invited her to sit beside him. He told her that he was a musician who had traveled through many worlds, and his music had healing powers.

"I have been searching for one who can inherit this magical musical instrument," said the old man, handing it to Alva. "You are the chosen one."

Alva hesitated, but she could not resist the enticing melody the instrument produced. She took it gently in her hand and began to play. The music flowed through her like a river, and she felt an inexplicable sense of peace and joy.

From that day on, Alva became known as the village musician. She played the magical musical instrument to bring comfort and happiness to the people in the village. The sick were healed, sorrow was alleviated, and dreams were inspired by her music.

But Alva knew that the music was not only meant for the village. She started traveling to other villages and cities, where she shared her healing music with people who needed it the most. Wherever she went, people were enchanted by the music and its magical power.

One day, while playing by the shore of a tranquil lake, the old man returned to her. He smiled and said, "The time has come for me to journey on to other worlds. The gift of music is now in your hands, and you are the one to spread the harmony of light throughout the world."

Alva knew that she could not keep the musical instrument forever, so she passed it on to another young musician in need. Together, they continued to share the magic and joy of music with the world.

Years went by, and Alva became a legend in all the worlds she visited. Her name became synonymous with the healing power of music, and her heart always remained filled with a sense of adventure and love for music.

Thus, the story of "The Magical Musical Instrument" became a reminder that music has the power to transform lives and bring healing and joy to all who listen to it.